LA PRIMERA GUERRA MUNDIAL

TOMO 3: 1918

El desenlace

Por Benjamin Janssens De Bisthoven
Traducido por Marina Martín Serra

LA PRIMERA GUERRA MUNDIAL — 1918, EL DESENLACE

- **¿Cuándo?** Del 28 de julio de 1914 al 11 de noviembre de 1918.
- **¿Dónde?** En Europa, Asia y Oceanía.
- **¿Beligerantes?**
  - Las Potencias Centrales: el Imperio alemán, Austria-Hungría, Bulgaria, el Imperio otomano.
  - Los Aliados y los países asociados: Francia, el Imperio británico, Rusia, Italia, Serbia, los Estados Unidos, Japón, China, Bélgica, Rumanía, Portugal, Luxemburgo, Grecia, Albania, Montenegro y la mayor parte de los Estados sudamericanos.
- **¿Resultado?** Victoria de los Aliados. Caída de los imperios alemán, austrohúngaro, otomano y ruso. Aparición de nuevos Estados.
- **¿Víctimas?** Más de nueve millones de muertos.

A finales de 1917, mientras que la guerra mundial se hace eterna durante lo que ya casi son cuatro años, Alemania finalmente puede creer que la victoria está cerca. Los franceses y los británicos, de hecho, se han debilitado con sus fracasos en el Camino de las Damas y en Flandes. En octubre, el ejército italiano ha sufrido un duro golpe en Caporetto, que le ha hecho perder a unos 300 000 hombres. Finalmente Rusia, que impone al Reich una guerra en dos frentes desde 1914, acaba de hundirse en la Revolución bolchevique.

Sin embargo, debe actuar rápidamente. Minadas por la guerra y el bloqueo enemigo, las economías nacionales de sus aliados están al borde del colapso. En Austria-Hungría y en Bulgaria, la población pasa hambre, mientras que la producción industrial y agrícola se hunde. En cuanto al Imperio otomano, las dificultades son tales que el Gobierno central, progresivamente, pierde cualquier forma de autoridad en sus provincias. Pero esto no es lo peor. Los Estados Unidos, desde que se unieron a los Aliados en abril de 1917, envían continuamente tropas, material militar y dinero a Europa, con el riesgo de que la balanza se decante definitivamente a favor de los Aliados. Erich Ludendorff (1865-1937) y Paul von Hindenburg (1847-1934), amos del ejército alemán desde 1916, se juegan ahora el todo por el todo: tienen que acabar la guerra tan pronto como sea posible, porque, a la larga, la derrota es inevitable. La Gran Guerra está entrando en su fase final.

LA ÚLTIMA RONDA

El 11 de noviembre de 1917, en Mons, en la Bélgica ocupada, Erich Ludendorff anuncia a los principales dirigentes de la Westheer (el ejército alemán en el oeste) su plan de lanzar la ofensiva decisiva en Francia en primavera. La tarea no parece nada fácil. Desde la Mancha hasta Suiza, el frente forma, sobre este teatro de operaciones, una enorme línea de fango, trincheras, alambradas y hormigón casi impenetrable. Los Aliados se enteran de esto por su cuenta. De 1915 a 1917, ninguna de sus tentativas les había permitido avanzar más de unos pocos kilómetros. Sin embargo, el primer cabo cree en sus posibilidades: el contexto estratégico le es favorable, su ejército es fuerte, y sus enemigos están divididos y muy débiles. Y además, ¿acaso el Reich tiene realmente otras opciones? Desde el comienzo de las hostilidades, el frente occidental es el principal y, como tal, para Alemania representa la única forma de obtener una victoria rápida. No obstante, un año después, el país, completamente destrozado, firmará el armisticio que pondrá punto final a la guerra, un desastre del que Ludendorff **es responsable** en gran parte.

LA KAISERHEER, FORMIDABLE... Y FRÁGIL

En la víspera de iniciar su empresa en el oeste, el OHL (Oberste Heeresleitung, el alto mando alemán) confía sobre todo en las capacidades de la Kaiserheer, el Ejército Imperial Alemán, para destruir las líneas enemigas, y no sin fundamento: el ejército alemán, una maravillosa «máquina de ganar» al principio del conflicto, como destaca el historiador Jean-Claude Laparra, no ha dejado de desarrollarse y de perfeccionarse. Hasta el punto de que probablemente nunca ha sido tan formidable como en la primera mitad del año 1918. Falta decir que sufre algunos grandes defectos, que lo pondrán en peligro durante la campaña.

Cuantitativamente, la Westheer es un monstruo. A principios de abril de 1918, alinea cuatro millones de hombres frente a los Aliados, lo que significa dos veces más soldados que durante la realización del Plan Schlieffen en 1914, por desafíos de la misma envergadura. Para alcanzar esa cifra, Ludendorff y Hindenburg despojan de soldados a todos los demás teatros de operaciones en los que Alemania estaba activa. Con la retirada de Rusia, consagrada con la firma del Tratado de Brest-Litovsk el 3 de marzo de 1918, se recuperan 38 divisiones del frente este. A estas les seguirán otras, incluso si el Reich se ve obligado a mantener en él fuerzas consecuentes, tanto para mantener sus conquistas rusas como para detener la terrible guerra civil que desgarra el antiguo Imperio zarista. También se mandan contingentes más pequeños desde Macedonia e Italia.

Esta enorme masa humana reunida en el oeste confiere superioridad numérica a los alemanes por encima de sus oponentes, por primera vez desde el inicio del conflicto. Sin embargo, esta ventaja es menor de lo que a menudo se ha escrito: en realidad, la diferencia de fuerzas entre los dos bandos es muy relativa. En marzo, solamente hay 191 divisiones alemanas en el frente occidental contra 178 en el bando aliado. El historiador David Zabecki también añade que las divisiones desplegadas por los alemanes son, en general, más pequeñas que las de sus adversarios. En estas condiciones, la única manera de que el OHL obtenga una clara superioridad numérica reside en su capacidad de concentrar sus recursos localmente y de sorprender a los Aliados en sus posiciones más débiles. Hay que añadir, sin embargo, que, a pesar de su imponente tamaño, el ejército alemán está desesperadamente falto de hombres. En efecto, en esta fase de la guerra, Alemania ya ha consumido la mayor parte de sus reservas humanas, y los cuatro millones de hombres reunidos en la Westheer constituyen sus últimas fuerzas con vida; si las cosas salen mal, no podrá reemplazarlos.

Los Aliados tienen el mismo problema, con dos matices distintos: hasta entonces el frente occidental siempre ha demostrado ser más mortífero para el atacante, pero esta vez se encuentran en la defensiva; además, ahora pueden contar con el vivero americano, aunque sus hombres llegan con cuentagotas.

En general, las unidades alemanas del frente occidental son experimentadas y están equipadas como es debido. Pero no todas son iguales, ni mucho menos. En marzo de 1918, dos tercios de las 191 divisiones con las que cuenta la Westheer son unidades de segunda categoría, llamadas de posición (Stellungsdivisionen), peor equipadas en lo que se refiere al material, a los efectivos y al apoyo aéreo que el tercio restante, formado por divisiones de ataque (Angriffsdivisionen). Al reunir a la élite del ejército alemán, estas últimas forman la punta de lanza con la que Ludendorff pretende poner en marcha su ofensiva. Además, cabe decir que la lanza está muy afilada: en el invierno 1917-1918, las Angriffsdivisionen fueron entrenadas con las terribles tácticas de asalto elaboradas por el coronel de artillería alemán Georg Bruchmüller (1863-1948), que combinan el uso brusco y masivo de la artillería, de la aviación y de pequeños escuadrones de ataque fuertemente armados, los Stosstruppen. En septiembre de 1917, estas tácticas ayudan a romper el frente ruso sin dificultades y tomar Riga. El único inconveniente es que el reducido número de Angriffsdivisionen limita las posibilidades operativas alemanas a ataques limitados en el tiempo y en el espacio.

Finalmente, dos últimos defectos debilitan también al ejército alemán: el primero se debe a su moral, que sin duda está alta a principios de 1918, pero cuyas bases son frágiles. El optimismo y el buen humor del soldado alemán se deben principalmente a la esperanza de que sus recientes victorias en Italia y Rusia, así como la ofensiva planeada por Ludendorff en Francia, traerán la paz. Es decir, si Ludendorff fracasara con su ataque, las cosas podrían ir muy mal. Además, la moral no es uniforme para nada: en la retaguardia y en el país es mucho más inestable. Así, en enero de 1918, en las ciudades alemanas se celebran manifestaciones masivas contra el káiser que terminan con una brutal represión. El alto número de deserciones también resulta significativo; estas se producen durante el envío de las tropas del frente oriental hacia el oeste para combatir.

Finalmente, el escaseo de vehículos motorizados que sufre es muy duro para el ejército alemán. En el año 1918, cuenta solamente con 23 000 camiones, mientras que los Aliados tienen casi cinco veces más. La situación empeora por culpa de la limitación extrema de las reservas de combustible y lubrificante y de la importante escasez de caballos. Y, finalmente, lo peor de todo es que prácticamente no tiene tanques. Con sus veinte modelos A7V y un centenar escaso de tanques capturados al enemigo, no puede competir con los Aliados, que tienen miles. En consecuencia, estos últimos superan a la Heer en velocidad, logística, maniobrabilidad y potencia de fuego. Estas serán algunas de las claves de su victoria.

LOS ALIADOS EN PLENA CRISIS DE CONFIANZA

Mientras tanto, en el bando de los Aliados, los ánimos están por los suelos: vista desde Londres, París o Roma, la situación no deja de ser alarmante. Estratégicamente, la pérdida definitiva del aliado ruso es un desastre. Ahora, no solamente las Potencias Centrales están libres para concentrarse en el oeste, sino que además la paz y la Revolución bolchevique también han acabado con todas las inversiones (por valor de unos 13 mil millones de francos oro para Francia) y la ayuda militar concedidas a Rusia por los Aliados. Entonces, al ceder al Reich y a sus socios 1,3 millones de km^2 de territorio ruso dotados de buenos recursos y de industrias, el Tratado de Brest-Litovsk amenaza con destruir el bloqueo del que estos últimos son víctimas. Por último, se teme que los alemanes se aprovechen de la descomposición del espacio ruso en la guerra civil para presionar más hacia el este, hacia Asia y la India británica.

La otra gran fuente de preocupación son los estadounidenses, cuya entrada en escena se hace esperar mucho. Aunque están en guerra con Alemania desde abril de 1917, en enero de 1918 solamente han desembarcado 150 000 hombres en Francia, y no hay ninguno en las líneas del frente. El presidente Woodrow Wilson (1856-1924) se niega categóricamente a implicar a la American Expeditionary Force (las Fuerzas Expedicionarias Estadounidenses, AEF por sus siglas en inglés) de otra forma que no sea la de un ejército independiente. Wilson, obviamente, piensa antes en los intereses de los Estados Unidos que en los de los Aliados. Sin embargo, la incorporación de las unidades estadounidenses a los ejércitos franco-británicos —una solicitud reiterada muchas veces por los Aliados— reduciría inevitablemente su margen de maniobra durante las negociaciones de paz, además de que podría estar mal vista por la población de los Estados Unidos. Así pues, los Aliados todavía deben esperar hasta que la AEF pueda actuar por sí misma.

De todos modos, los estadounidenses todavía no están preparados para luchar: en marzo, de las siete divisiones establecidas en el continente, solamente una está operativa. Los «Sammies» llegaron a Europa mal equipados y poco o nada entrenados para la guerra moderna, dos carencias que Francia y Gran Bretaña tienen que subsanar, y que se añaden a la inmensa carga que ya representa la movilización de su flota para el transporte y el abastecimiento de los estadounidenses a través del Atlántico.

Por lo tanto, en la primera mitad de 1918, los Aliados prácticamente solo podrán contar con sus propias fuerzas para frenar a la marea alemana en el frente occidental. Sin embargo, su actuación es mejor de lo que parece; aunque los alemanes superan en número a los británicos y a los franceses —aunque con muy poca diferencia—, estos últimos les superan con creces en casi todo el material de guerra. Además de su dominio aplastante en lo que se refiere a los vehículos y los tanques, en marzo de 1918, los Aliados reúnen 18 500 cañones contra los 14 000 de la Heer, y 3870 aviones contra 2890. Pero esto es solo el principio: gracias a una movilización industrial excepcional, otros miles saldrán de los talleres y decantarán un poco más la balanza a favor de los Aliados.

Así pues, cualitativamente, no tienen nada que envidiar a los alemanes. Sus ejércitos son tan experimentados como los de sus enemigos; las tropas de asalto alemanas, las Stosstruppen de las Angriffsdivisionen, no son desconocidas para ellos; y han desarrollado nuevos métodos de combate en respuesta a los de los alemanes, como la defensa en profundidad, que consiste en escalonar posiciones defensivas cada vez más fuertes para ganar tiempo con el objetivo de reunir refuerzos. Su mayor debilidad, la moral, mejora significativamente desde comienzos de año, sobre todo entre los franceses y los italianos, cuyos militares y políticos trabajan para restaurar el espíritu combativo de la nación, minado por los desastres de 1917. Por supuesto, no todo es de color de rosa: en 1918, por ejemplo, los países aliados todavía sufrirán protestas y huelgas de gran magnitud. Sin embargo, sus ejércitos y sus retaguardias aguantarán hasta la victoria final. De hecho, los Aliados carecen sobre todo de dos cosas: un mando unificado, que pueda orientar y coordinar los esfuerzos de la coalición; y la confianza en sus medios, plenamente capaces de frenar a Alemania.

LAS POTENCIAS CENTRALES JUEGAN SU ÚLTIMA CARTA

El 21 de marzo de 1918, a las 4:40 a. m., un fuego infernal cae repentinamente sobre las posiciones británicas entre Arras y San Quintín. En cinco horas, 6473 piezas de artillería y 3535 morteros de trinchera escupen sobre los «Tommies» 1,16 millones de obuses, incluyendo muchas municiones químicas. Es el comienzo de la operación «Michael», la gran ofensiva alemana en el oeste. Pero, ¿qué es lo que busca Ludendorff en esta parte del frente? ¿Separar a los ejércitos franceses de los británicos? ¿Expulsar a la Fuerza Expedicionaria Británica (BEF) hacia el mar?

En realidad, Ludendorff no ha definido objetivos estratégicos claros. Si elige atacar a los británicos en Picardía, es sobre todo porque cree que su ejército es más débil que el francés, y que el terreno favorece la ruptura del frente enemigo. Los acontecimientos que se producen a continuación reflejan las insuficiencias del alto mando. En dos semanas, los alemanes penetran con éxito en el territorio enemigo y avanzan unos 60 kilómetros, tomando Noyon, Bapaume y Montdidier. No obstante, el 4 de abril, cuando su ataque se detiene por culpa de problemas logísticos y de la resistencia de los Aliados, no ha logrado nada decisivo. Peor aún, incluso en algunos aspectos el ataque ha resultado contraproducente. Ante los primeros éxitos de la operación, los Estados Unidos deciden acelerar el envío de tropas a Europa y aceptan permitir que los Aliados incorporen algunas unidades estadounidenses en sus filas. En cuanto a los Aliados, la crisis causada por el ataque alemán les conduce a buscar un comandante supremo en la persona de Ferdinand Foch (1851-1929), responsable de coordinar sus esfuerzos contra Ludendorff.

No obstante, el fracaso de la operación «Michael» no desalienta al general alemán. El 9 de abril, se lanza una segunda operación contra los británicos, más al norte, entre Béthune y Armentières, que llevará el nombre de «Georgette». De nuevo, el bombardeo y las tácticas de ataque alemanas funcionan de maravilla. El frente británico es destruido en un momento, y la Heer hace un buen avance durante los primeros días, sembrando el pánico en el Estado Mayor de la BEF. Sin embargo, los Aliados se recuperan muy rápidamente y obligan a los alemanes primero a disminuir el ritmo y luego a detenerse, hasta la estabilización definitiva del frente el 29 de abril. Ludendorff comete los mismos errores: en 20 días de combates, su ofensiva ha permitido ganar 20 km adicionales, pero no ha logrado lo esencial, ya que no ha conseguido ninguna ganancia estratégica, y la BEF todavía sigue en pie.

Frustrado, Ludendorff dirige ahora sus esfuerzos hacia el sur, contra los franceses. En realidad, el objetivo principal que el primer cabo siempre tiene en mente es el de aniquilar a los británicos, ya que siente que pronto van a caer. Pero las operaciones «Michael» y «Georgette» han atraído a muchas divisiones francesas hacia el sector de la BEF, y esto hace que una nueva ofensiva sea imposible. Para deshacerse de ellas, Ludendorff planea la operación «Blücher», un ataque de distracción en el sector francés del Camino de las Damas, que sabe que está relativamente poco defendido. Su elección es acertada pero, de nuevo, el alto mando alemán no gestiona bien su empresa. Poco después del lanzamiento de la operación, Ludendorff se deja llevar por completo por los grandes éxitos de sus tropas, hasta el punto de olvidar el carácter secundario de esta. Una tras otra, las unidades previstas para golpear a los británicos acuden desde Flandes para reforzar el ataque, mientras que los objetivos se revisan al alza. Ahora, estos incluyen tomar Reims y amenazar a París.

El resultado final es el fruto de estas incongruencias. Del 27 de mayo al 13 de junio, «Blücher» brinda a los alemanes el control de un gran saliente al oeste de París, de 60 kilómetros de profundidad por 40 de ancho, prácticamente sin valor estratégico. Además, es vulnerable y está mal comunicado, como el que se constituye con «Michael». La precariedad de las posiciones conquistadas es tal que el ejército alemán debe mejorarlas realizando dos operaciones tan pronto como «Blücher» se haya terminado. Sin embargo, éstas no le ayudarán demasiado. Pero lo que es todavía peor para los alemanes es que el ejército francés no ha quedado fuera de juego, ni tampoco la BEF; y los estadounidenses empiezan a participar en los combates, aunque todavía no son muchos. Por último, al fracaso de «Blücher» se le añade el empeoramiento de la situación en Italia, donde Austria-Hungría, muy presionada por Alemania para obtener ayuda en su movilización en el oeste, ha perdido por completo la ofensiva en el Piave a mediados de junio.

En el OHL, inevitablemente, el giro que en general sufre la campaña despierta una gran preocupación. Sobre todo porque las fuerzas de la Westheer se han visto reducidas significativamente a causa de las operaciones de Ludendorff. Desde el 21 de marzo, ha perdido casi un millón de hombres, contra las 900 000 pérdidas humanas que ha sufrido el bando de los Aliados. Sin embargo, a diferencia de estos, las pérdidas alemanas conciernen principalmente a los mejores elementos del ejército, es decir, el núcleo de las Angriffsdivisionen. Aismismo, la moral cae por los suelos: el soldado alemán, que pensaba que la ofensiva de primavera traería la paz, se desilusiona. Las deserciones y los actos de indisciplina se multiplican, e incluso la autoridad de Ludendorff se ve afectada. El 24 de junio, Richard von Kühlmann (1873-1948), el ministro de Asuntos Exteriores del Reich, provoca la indignación en el Reichstag al proclamar que los medios militares por sí solos no pueden proporcionar una solución al conflicto. El káiser, bajo la presión del Estado Mayor, lo destituye. La posición del dúo Hindenburg-Ludendorff todavía es demasiado fuerte para desafiarla. De todos modos, Ludendorff espera silenciar a sus adversarios con una ofensiva final que será decisiva.

LA CONTRAOFENSIVA DE LOS ALIADOS

El ataque alemán, llamado de forma pomposa «Friedensturm» («la ofensiva de la paz»), comienza el 15 de julio en el este y en el sur de Reims, donde responden con una tormenta de obuses y metralla. Los franceses han adivinado las intenciones alemanas y han congregado la mayor parte de sus reservas en la retaguardia. Además, algunas divisiones estadounidenses e italianas también participan en la batalla. En estas condiciones, las esperanzas de lograr una victoria se desvanecen y, el 17 de julio, Ludendorff tiene que detener la operación. Entonces los Aliados pasan a tomar la iniciativa, y ya no la volverán a perder.

El día siguiente, Foch lanza el contraataque. Escondidos en el bosque de Villers-Cotterêts, dos ejércitos franceses, apoyados por 500 tanques y 1000 aviones, sorprenden a los alemanes en el flanco derecho del enorme saliente creado por «Blücher». El efecto es inmediato: el ejército alemán retrocede varios kilómetros, y esto es solo el comienzo. En los días siguientes, todo el saliente alemán arde en llamas, hostigado por los ejércitos aliados y por cerca de 270 000 estadounidenses. Ludendorff, atacado desde todas partes, se ve obligado a ordenar la evacuación del saliente. El 5 de agosto, los alemanes vuelven al Aisne, el punto de partida de la operación «Blücher». Dejan a 28 000 prisioneros y 600 cañones sobre el terreno.

Aunque la Westheer ha sufrido un revés, Ludendorff se mantiene optimista. Sus subordinados le aconsejan que se repliegue en una línea más fácil de defender, pero él rápidamente descarta esta opción. El dirigente del OHL piensa que los Aliados están agotados por los últimos combates y que, por lo tanto, no realizarán más ofensivas importantes hasta dentro de un tiempo. Sin embargo, el frente se reactiva el 8 de agosto delante de Amiens, frente al saliente creado por «Michael». Con el apoyo de 1900 aviones y más de 500 tanques, los ejércitos británico y francés golpean fácilmente las defensas alemanas. En el espacio de 24 horas, capturan

15 000 hombres del bando enemigo y recuperan 15 kilómetros. Un día negro que Ludendorff calificará como el «día de duelo para el ejército alemán».

Sin embargo, los Aliados no iban a llevar su ventaja en el sector mucho más lejos. El 24 de julio, reunidos en Bombon, Foch y los comandantes franceses, británicos y estadounidenses acuerdan una estrategia muy diferente a la de sus homólogos alemanes. En lugar de tratar de penetrar en un punto concreto de las posiciones enemigas y arremeter a toda costa contra él, optan por la realización de ataques sucesivos, limitados en el tiempo y en el espacio, a lo largo de todo el frente alemán. Esta táctica, aunque no produce ningún avance espectacular, es menos costosa, más segura y evita que Ludendorff emplee sus reservas. Además, la batalla en Amiens acaba de terminar cuando estalla otra casi inmediatamente en otra parte del frente.

Gracias a este procedimiento, los Aliados progresan constantemente, puesto que el ejército alemán no logra hacer frente a todas las amenazas al mismo tiempo. El 23 de agosto, Bapaume es liberada y Noyon, a su vez, seis días más tarde. A mediados de septiembre, la Línea Hindenburg, la posición defensiva más poderosa de Alemania Occidental, está flanqueada por completo. En ese momento, ya no queda casi nada del espacio conquistado en primavera por los alemanes. Por último, del 12 al 14 de septiembre, los estadounidenses, durante su primera gran operación autónoma de la guerra, toman Saint-Mihiel, ocupada por Alemania desde 1914.

A finales de septiembre, los Aliados sienten que disponen

de la fuerza suficiente para pasar a la ofensiva general. Actualmente, la presencia de los estadounidenses en Francia se eleva a 1 786 000 efectivos, los soldados aliados tienen la moral muy alta gracias a las últimas victorias y el ejército alemán muestra continuamente señales de debilidad. El ataque comienza el día 26 con un esfuerzo franco-estadounidense en Argonne y luego se extiende progresivamente a lo largo de todo el frente hasta la Mancha, incluyendo también el pequeño ejército belga que protege el Yser. El avance, intercalado con pausas, es lento pero constante. A partir del 10 de noviembre habrá contribuido a hacer retroceder a la Westheer de 40 a 70 kilómetros, entre Verdún y la costa belga.

La ofensiva general de los Aliados en el oeste coincide con la caída de los aliados de Alemania. El 15 de septiembre, el Ejército de Oriente, una enorme aglomeración de franceses, italianos, griegos, británicos, rusos y serbios, comandado por el francés Franchet d'Espèrey (1856-1942), logra penetrar en el frente búlgaro, en Macedonia. En dos semanas, continúa hasta Skopje y captura 75 000 prisioneros. Bulgaria, acorralada, firma un armisticio y sale de la guerra el 29 de septiembre. Del 19 al 21 de septiembre, los británicos aplastan a los otomanos en Palestina y, poco más de un mes después, toman Alepo y Damasco. El 30 de octubre, se concluye el armisticio. Austria-Hungría, por su parte, está a punto de desmoronarse, por lo que ya no se puede contar con ella. Atrapada entre los italianos y el Ejército de Oriente que sube por los Balcanes, el 3 de noviembre seguirá los pasos de Bulgaria y el Imperio otomano.

La situación, que empeora por momentos, rápidamente causa sus efectos en el OHL y en Alemania. El 29 de septiembre, un Ludendorff profundamente desmoralizado le anuncia al káiser que hay que concluir un armisticio lo antes posible y que, para para obtenerlo de los Aliados, habrá que democratizar el régimen. Justo después, los acontecimientos se precipitan. Al día siguiente, el príncipe Maximiliano de Baden (1867-1929), un liberal moderado conocido por su oposición a Ludendorff, se convierte en canciller, mientras que rápidamente se crea un Gobierno parlamentario. A partir del 4 de octubre, se inician negociaciones con los Estados Unidos y luego con el resto de los Aliados, que se alargan durante un mes. Mientras tanto, se eliminan los últimos obstáculos para la paz: Ludendorff, que finalmente se ha retractado, es destituido el día 26; el káiser Guillermo II (1859-1941), amenazado por la revolución, se ve obligado a abdicar el 9 de noviembre. Alemania es ahora una república. Finalmente, el 11 de noviembre se firma el armisticio con los Aliados en Rethondes: finalmente, la Primera Guerra Mundial ha acabado.

Fotografía tomada justo después de la firma del armisticio, delante del vagón de Ferdinand Foch.

LAS CONSECUENCIAS DE LA GRAN GUERRA

Las consecuencias de la Primera Guerra Mundial son enormes. El orden mundial que existía antes de la guerra desaparece, en favor de una paz inestable, casi imposible, que será el caldo de cultivo perfecto para una nueva conflagración mundial, mucho más terrible que la primera. Europa es un continente en ruinas desprovisto de sus fuerzas vitales, que ve cómo su prominencia en el mundo termina socavada por todas partes. Pero la guerra también altera las sociedades, conllevando cambios radicales en ellas, incluyendo el fascismo y el comunismo como formas más extremas.

UN ORDEN MUNDIAL INESTABLE

Después de vencer a las Potencias Centrales, los Aliados se reúnen en París para preparar un orden internacional capaz de asegurar una paz duradera. No obstante, este objetivo nunca se alcanzará, sino que el período de entreguerras resultará incluso más inestable que los años anteriores al conflicto: apenas se inician, las negociaciones entre los ganadores son turbulentas. Unidos en la guerra, ahora persiguen objetivos muy divergentes.

En particular, durante la Conferencia de París (enero de 1919-enero de 1920) se enfrentan dos concepciones de la paz. Una de ellas es la de los estadounidenses, presentada en enero de 1918 en el Congreso con los «Catorce Puntos» anunciados por el presidente Wilson, que propone un programa de paz idealista e ingenuo que reclama sobre todo el fin de la diplomacia secreta, la libertad de navegación y de comercio, el derecho de los pueblos a la libre determinación, así como la creación de una Sociedad de Naciones capaz de gestionar los conflictos internacionales. La otra, opuesta a la primera, es la de los Estados europeos, entre los que destacan Gran Bretaña, Francia e Italia —aunque hay importantes divergencias entre ellos— y resulta más pragmática, impulsada principalmente por preocupaciones nacionales, imperialistas y sobre la seguridad. La posición de Francia resulta emblemática al respecto, ya que se muestra dispuesta a separar a Renania del Reich alemán para que este no pueda volver a iniciar una nueva guerra.

La conferencia se termina con cinco tratados de paz (el Tratado de Versalles para Alemania; de Saint-Germain para Austria; de Trianon para Hungría; de Neuilly para Bulgaria; y, finalmente, de Sèvres para el Imperio otomano), que en conjunto forman un acuerdo entre las dos posiciones. Paradójicamente, no hace más que acentuar la división de los ganadores. El acuerdo de paz también enfurece a Italia, a la que en 1915 Londres y París le habían prometido Istria, Dalmacia y Trentino, a cambio de su entrada en guerra. Las obtiene en gran parte, pero Roma también desea Fiume, un gran puerto austrohúngaro en el Adriático. Los Estados Unidos rechazan esta reivindicación, en nombre del derecho a la libre determinación de los pueblos, puesto que los italianos son una minoría en el territorio. Contrariada, Italia abandona la Conferencia de París, pero comete un grave error: durante su ausencia, los otros países se reparten las colonias alemanas. Estos dos desengaños exacerban las frustraciones y el nacionalismo en la península italiana, y en 1922 favorecerán la llegada al poder de Benito Mussolini (1883-1945), un personaje mucho menos dispuesto que sus predecesores a mantener el orden internacional originado tras la guerra. Además, anexionará Fiume en 1924.

El acuerdo de paz también plantea dificultades para los Estados Unidos, donde el Senado le niega al presidente Wilson la petición de ratificar el Tratado de Versalles. El quid del problema viene del pacto fundacional de la Sociedad de Naciones (SDN), integrado en el Tratado. Algunas de sus cláusulas, en particular el artículo X, que estipula que todos los miembros de la SDN se comprometen a mantener la independencia de las otras partes integrantes contra cualquier agresión, hacen que los senadores teman que los Estados Unidos no estén obligados a intervenir en los conflictos que les superen. Aunque Wilson lucha contra los senadores hasta marzo de 1920, los Estados Unidos no ratificarán ninguno de los tratados de paz. Con su retirada, los otros Aliados serán los encargados de hacer cumplir las decisiones adoptadas en la Conferencia de París. En definitiva, la misión acaba en manos de Francia y Gran Bretaña, seriamente debilitadas por cuatro años de guerra y, lo que todavía es más importante, incapaces de acordar una postura común frente a los vencidos: mientras que la primera es partidaria de la intransigencia, la segunda prefiere el indulto.

Los tratados de paz, además de crear disensiones entre los vencedores, provocan el resentimiento y la ira de los vencidos, a causa de su dureza. Sobre todo porque ninguno de ellos ha tenido la posibilidad de participar en las negociaciones en París y porque se ven obligados a aceptar los tratados por completo. Sus consecuencias son, en primer lugar, territoriales: así, Austria-Hungría se divide en varios países nuevos —Yugoslavia, Checoslovaquia, Hungría y Austria. Estos dos últimos ven sus fronteras mermadas de forma significativa en comparación con las de 1914. Por otro lado, Hungría pierde el 70 % de su territorio y el 60 % de su población; Austria es reducida a un seudo-Estado, con 84 000 km^2 y 7 millones de habitantes. El Imperio otomano es pura y simplemente repartido entre Francia, Grecia, Italia y Gran Bretaña, que establecen en él esferas de influencia coloniales. En cuanto a Alemania, pierde alrededor del 13 % de su territorio, una décima parte de su población y todas sus colonias. Debe ceder Alsacia-Lorena a Francia, un terri-torio que había conquistado durante la guerra de 1870-1871, y dar el cantón de Eupen-Malmedy a Bélgica, el norte de Schleswig a Dinamarca, la Alta Silesia y el Ducado de Posen a Polonia, constituida de nuevo. También pierde la ciudad de Danzig y la región de Memel, controladas por la Sociedad de Naciones; asimismo, Renania es sometida durante 15 años a la ocupación militar de los Aliados, y la cuenca del Sarre, al control francés.

Europa después de la Primera Guerra Mundial

Además, los vencidos también están obligados a reducir sus fuerzas armadas de forma considerable, a 100 000 hombres para Alemania, 35 000 para Hungría, 10 000 para Austria, etc. Asimismo, se le prohíbe a Alemania que posea tanques, aviones, submarinos y artillería pesada. El país también ve cómo sus ríos son internacionalizados, y pierde todas sus patentes. Por último, debe aceptar la responsabilidad moral del conflicto y, en este sentido, está obligada a pagar a los Aliados la astronómica suma de 132 mil millones de marcos de oro.

Al final, las decisiones de la Conferencia de París avivan las ambiciones revisionistas de las potencias vencidas. Con la aprobación de Trianon, Hungría continúa codiciando los 3 500 000 húngaros que viven fuera de sus fronteras. Por su parte, Alemania nunca reconocerá sus fronteras orientales. La joven República alemana protestará a lo largo de su existencia contra las acusaciones del Tratado de Versalles, que le atribuye la culpa del origen de la guerra. Asimismo, desde el principio tratará de eludir las cláusulas que limitan el armamento; desde 1922, firmará acuerdos militares secretos con la Unión Soviética, que los vencedores han apartado de la comunidad internacional. En 1923, su falta de voluntad para pagar las reparaciones de guerra implica la ocupación del Ruhr por Francia y Bélgica, que desemboca en un conflicto.

En Oriente Medio, la estructura creada por el Tratado de Sèvres (1920) se viene abajo muy rápidamente. La ocupación del Imperio otomano por parte de ejércitos extranjeros causa la insurrección nacionalista de Mustafa Kemal (1881-1938), que culminará con el Tratado de Lausana en 1923, que marca la independencia de la Turquía moderna.

Salvo en el caso turco, el revisionismo queda limitado a los años veinte, marcados en su segunda mitad por una calma relativa entre los antiguos beligerantes. Sin embargo, los tratados de paz generan divisiones y resentimiento que, junto con el resurgimiento de tensiones tras la Gran Depresión (1929) y con el ascenso al poder de Adolf Hitler (1889-1945) en Alemania, darán lugar, a lo largo de los años treinta, a su propia destrucción y a la Segunda Guerra

Mundial (1939-1945).

EL PRECIO DE LA GUERRA

Los beligerantes pagan un precio muy alto por combatir en la Gran Guerra: de 1914 a 1918, más de nueve millones de personas pierden la vida en Europa. Además, si se tienen en cuenta las víctimas de las privaciones causadas por la guerra, la gripe española (1918-1920) y la guerra civil rusa (1918-1922), el número de muertos puede ascender a los 12 o 13 millones. Francia, por sí sola, sufre 1,4 millones de pérdidas humanas, lo que significa uno de cada seis movilizados; Alemania, más de dos millones; el Imperio británico y Austria-Hungría, alrededor de un millón cada uno. Serbia, con 300 000 soldados muertos y medio millón de víctimas civiles de la guerra, pierde casi un tercio de su población. Los combates también causan 20 millones de heridos en el continente y, de estos, ocho millones permanecen inválidos. Entre estos, hay muchos «caras rotas», cuyos rostros quedaron mutilados y desfigurados. Hasta entonces, ningún otro conflicto había causado un baño de sangre de esta magnitud.

Este terrible balance se ve agravado por el hecho de que la mayoría de los muertos y heridos son hombres jóvenes menores de 30 años, que formaban el grueso principal de los movilizados para los ejércitos. En 1914, se diezman en particular las vidas de los hombres con edades comprendidas entre los 19 y los 22 años. En definitiva, los beligerantes sacrifican en las trincheras a su población activa y a una generación entera. A algunos sectores, como el campesinado, del que procedían la mayor parte de los soldados en Francia e Italia, les costará mucho recuperarse. Finalmente, existe un último factor que acentúa todavía más las pérdidas humanas que se cobra la guerra en las distintas sociedades: la falta de nacimientos que causa la guerra. Con la muerte y el mantenimiento en el frente de hombres en edad reproductiva, habrá una disminución de la natalidad durante y después del conflicto. En Europa, los combates también dejan cuatro millones de viudas y ocho millones de huérfanos.

A las víctimas y los heridos se les añaden las destrucciones causadas por la guerra: en Francia, el país más afectado por la guerra, 289 000 edificios son completamente destruidos y otros 422 000 quedan dañados. En Bélgica, hay más de 200 000 edificios de todo tipo afectados. En algunas ocasiones, incluso, hay pueblos enteros que simplemente son borrados del mapa. Pero también se tienen que reparar las carreteras, los puentes y las líneas férreas. En las regiones donde anteriormente estuvo el frente, los combates a menudo dan paso a un paisaje casi lunar, donde la vegetación desaparece por completo y donde los cráteres de los proyectiles se extienden hasta el horizonte. En Francia, entre 2,5 y 3 millones de hectáreas son devastadas. Enterradas en el suelo, miles de toneladas de munición sin explotar harán que el regreso de la actividad humana en las zonas afectadas sea difícil y, en ocasiones, imposible. Su rehabilitación será una de las tareas más difíciles y peligrosas de la posguerra.

También la ocupación deja un rastro físico: los saqueos y las requisas hacen desaparecer ganado, vehículos, máquinas herramientas, materiales y otros recursos. Por el contrario, los depósitos de armas y de municiones surgen un poco por todas partes, lo que en muchos casos comporta verdaderas cargas para los países liberados. Por ejemplo, los obuses químicos que deja el ejército alemán en Bélgica son tantos que el ejército belga los hará sumergir en el mar del Norte, ya que no dispone de otros medios para deshacerse de ellos.

En el plano económico, la Primera Guerra Mundial es un desastre para Europa. De acuerdo con el historiador David Stevenson, la guerra cuesta, solamente a los Aliados occidentales, la friolera de 130 mil millones de dólares. Y eso sin contar los gastos generados por la reparación de los daños de la guerra, estimados en 35 mil millones de francos solo para Bélgica. Para poder sostener su esfuerzo de guerra, los Estados europeos contratan enormes préstamos internos y en el extranjero, y gastan una gran parte de sus reservas de oro. En 1919, Francia, Gran Bretaña e Italia contraen en conjunto una deuda externa que asciende a 85 mil millones de francos oro. Francia también pierde la mitad de sus inversiones en el mundo y, Gran Bretaña, alrededor de un cuarto. Alemania no se queda atrás, con una deuda pública que pasa de 6 mil millones de francos oro al principio del conflicto a 169 al final del mismo; a esto se le añaden, a partir de 1921, los grandes préstamos contraídos en los Estados Unidos para pagar los 132 mil millones de marcos oro reclamados por los Aliados como indemnización, que desempeñarían un papel clave en la crisis de 1929.

En la posguerra, la depresión impera en los países europeos que combatieron en la guerra. En la mayoría de ellos, la producción nacional ha disminuido mucho, causándoles una mayor dependencia del exterior. La inflación aumenta rápidamente, la tasa de desempleo es alta y el empobrecimiento, general. En 1918-1919, todo el continente se ve azotado por conflictos sociales, que culminan con la aparición de la efímera República Soviética Húngara (marzo-julio de 1919). Por tanto, debemos esperar al año 1924 antes de que la situación vuelva a la normalidad. Europa, agotada y arruinada, nunca recuperará su poder económico de antes de la guerra.

SOCIEDADES PROFUNDAMENTE TRASTORNADAS

El cataclismo de la Gran Guerra hace tambalearse irremediablemente a las sociedades europeas. Tras el conflicto, la huella de la muerte se observa por todas partes: en primer lugar, se puede ver en las múltiples expresiones de un duelo que se vuelve masivo. Los países beligerantes se llenan de monumentos de conmemoración a los caídos, a menudo financiados por los veteranos; mientras que, en los campos de batalla, ya sin vida ni actividad, aumentan las peregrinaciones. Los hogares también se llenan de recuerdos en memoria de los familiares desaparecidos. Las muertes anónimas, de los que no se pudo identificar ni recuperar el cuerpo, encuentran su reconocimiento en osarios colectivos construidos en los lugares altos de las batallas, como los de Verdún, Douaumont, o incluso Hartmannswillerkopf para los franceses, pero también en el homenaje nacional que, a partir de 1920, se le rinde al soldado desconocido. El 11 de noviembre, más que la conmemoración del armisticio, se convierte en un día de recogimiento. En Francia, Gran

Bretaña y en otros lugares, se instaura la costumbre, en este día, de hacer uno o dos minutos de silencio y visitar los cementerios. Al mismo tiempo, ganan popularidad el espiritismo y, en la literatura, el tema del retorno de los muertos entre los vivos, que se pone de moda en los años de la posguerra.

Más allá del duelo en sí, la muerte masiva y, en términos más generales, la destrucción física y mental de los cuerpos por la guerra alteran las percepciones y las prácticas de la sociedad. Más que nunca, la búsqueda de muchos individuos sanos se convierte en una obsesión civilizacional que legitima la intervención directa del Estado en la vida privada del individuo, que prioriza la aplicación de políticas de fomento de la natalidad y de promoción de la familia tradicional, algo que reduce significativamente la condición de las mujeres. Las leyes contra el aborto y la anticoncepción se endurecen en muchos países, mientras que se hace un llamamiento a las mujeres, movilizadas en masa en las fábricas durante la guerra, para que vuelvan al lugar que ocupaban antes de la guerra, en el ámbito doméstico, y cuiden de sus hijos. Incluso la Unión Soviética, que estaba a la vanguardia de la liberación de la mujer en los años veinte, termina adoptando medidas similares una década más tarde.

Posteriormente, da lugar a políticas sociales sin precedentes, que además a menudo están impregnadas de higienismo, o promueven las ya existentes: ayudas familiares, protección de la infancia, creación de viviendas sociales consideradas salubres, campañas de lucha contra las enfermedades venéreas y el alcoholismo, etc. Las prácticas eugenésicas también experimentan un auge en los años de la posguerra. En nombre de la higiene social, las personas con discapacidad mental e incluso a veces las personas consideradas «asociales» (desempleados, vagabundos, etc.) se marginan cada vez más y, en algunos países, se esterilizan. Una lógica que la Alemania nazi llevará al extremo, con unos resultados que ya conocemos.

Al peso de las muertes se le añade el de la violencia de la guerra y de la experiencia de lucha, que dejan huellas indelebles en las sociedades. Los soldados, tras regresar del frente, se reúnen en asociaciones de veteranos con diversas orientaciones políticas pero, en general, con las mismas aspiraciones: el antimilitarismo, el pacifismo y, más concretamente, la defensa de los intereses de los veteranos, las viudas y los huérfanos de la guerra. *A contrario*, la guerra también da lugar a una radicalización de la vida política y al aumento de su brutalidad. También aparecerán algunas organizaciones paramilitares de masas, a menudo próximas de la extrema derecha y a favor de utilizar la fuerza, como los famosos Freikorps («cuerpos francos») que, a principios de los años veinte, se esparcirán por la República Federal Alemana, y participarán en la terrible represión de los levantamientos comunistas de 1919.

Sin embargo, la violencia no resulta únicamente de estas organizaciones: con el triunfo de la revolución bolchevique y el advenimiento de la Unión Soviética en 1922, los partidos comunistas también se vuelven más agresivos; especialmente en Alemania, donde los métodos del Rote Frontkämpferbund, la organización paramilitar del Partido

Comunista de Alemania, no tienen nada que envidiar a los de sus adversarios de extrema derecha. Finalmente, la última encarnación de esta militarización de la esfera pública se ve en la aparición, a principios de los años veinte, del fascismo italiano y del nazismo, movimientos revolucionarios basados en una filosofía de la guerra, que valoran la lucha como instrumento para sentar las bases de un hombre nuevo, así como la fuerza, el instinto y la voluntad por encima de la razón; y cuyas milicias políticas, las Fasci di combattimento («fasces de combate») para el primero, y las SA (Sturmabteilung, «tropas de asalto») para el último, inspirarán terror durante mucho tiempo a sus oponentes.

Por último, el alcance de la muerte y la violencia de la guerra provoca que se cuestione en profundidad a la sociedad que ha contribuido a llegar a ese extremo. Este cuestionamiento también incluye todos estos movimientos políticos extremos y revolucionarios que acabamos de mencionar, y que emergen o se refuerzan considerablemente después de la guerra. Pero también se produce en el ámbito de la cultura y las bellas artes, donde las obras son testigo de las matanzas y la destrucción, y subversión del orden establecido. El dadaísmo, que aparece durante la guerra en Zúrich en torno a un pequeño grupo de artistas exiliados, pretende impactar en la moral y escandalizar a los amantes del arte convencionales, como lo hizo Marcel Duchamp (1887-1968) en 1917, tratando de exponer un urinario en una galería de arte de Nueva York. El movimiento surrealista, nacido a mediados de los años veinte, va todavía más allá. Al colocar el inconsciente y lo irracional en el centro de su arte, los surrealistas llevan a cabo una ruptura total con el racionalismo dominante. En términos más generales, el rechazo y la incomprensión del mundo del momento impregnan muchas obras del período de entreguerras; pero también hacen que muchos intelectuales integren las corrientes del fascismo y del comunismo, promotores de una sociedad radicalmente nueva.

EN RESUMEN

1918

3 mar.: Rusia firma la paz separada con Alemania
21 mar.: comienzo de la ofensiva de primavera
9 abr.: lanzamiento de la operación «Georgette»
15-17 jul.: lanzamiento de la operación «Friedensturm»
18 jul.: **Ferdinand Foch lanza el contrataque aliado**
26 sept.: **comienzo de la ofensiva general aliada**
29 sept.: **Bulgaria firma el armisticio**
         Ludendorff le anuncia al káiser que
         tienen que concluir un armisticio
30 sept.: Maximiliano de Baden se convierte
         en canciller de Alemania
4 oct.: comienzo de las negociaciones
         de Alemania con los Aliados
30 oct.: **capitulación del Imperio otomano**
3 nov.: **Austria-Hungría firma el armisticio**
9 nov.: **el káiser se ve obligado a abdicar**
11 nov.: **firma del armisticio**

1919

28 jun.: **firma del Tratado de Versalles y**
         creación de la sociedad de Naciones

1919-1920

en. 1919-en. 1920: conferencia de París

1922

Mussolini se convierte en presidente
del Consejo italiano

1933

30 en.: Hitler se convierte en canciller
         del Tercer Reich

1939

1 sept.: inicio de la Segunda Guerra Mundial

- A principios de 1918, Alemania no tiene otra alternativa. La entrada en la guerra de los Estados Unidos en abril de 1917 y el colapso económico de sus aliados le obligan a buscar una solución rápida al conflicto.

- El 11 de noviembre de 1917 el OHL decide que la victoria pasará por una gran ofensiva en Francia, que se pondrá en marcha tan pronto como sea posible. Esta decisión se basa en el sentimiento del alto mando alemán que, tras el hundimiento de Rusia y los desastres de los Aliados en 1917, cree que posee una clara superioridad cualitativa y cuantitativa sobre el enemigo.

- Sin una dirección estratégica clara, la ofensiva alemana en Francia toma la forma de una serie de ataques inconexos, que tienen lugar entre mayo y julio y que solamente obtienen triunfos tácticos.

- A partir del 18 de julio, los Aliados lanzan el contraataque. Agotado y desmoralizado, el ejército alemán es incapaz de hacerles frente. Al cabo de cuatro meses, se ve expulsado de casi todo el territorio francés.

- A principios de otoño, los Aliados también pasan a la ofensiva en los frentes secundarios, y rápidamente consiguen triunfos. Alemania pierde sus aliados, unos tras otros.

- El desastre empuja a Alemania a establecer un armisticio con los Aliados, que finalmente se firma el 11 de noviembre en Rethondes. La guerra termina y deja a Europa exhausta, arruinada y profundamente traumatizada.

¡Tu opinión nos interesa!
¡Deja un comentario en la página web de tu librería en línea,
y comparte tus favoritos en las redes sociales!

PARA IR MÁS ALLÁ

FUENTES BIBLIOGRÁFICAS

- Audouin-Rouzeau, Stéphane y Anette Becker. 2000. *14-18, retrouver la guerre*. París: Gallimard.
- Audouin-Rouzeau, Stéphane y Christophe Prochasson, dir. 2008. *Sortir de la Grande Guerre. Le monde et l'après-1918*. París: Tallandier.
- Berstein, Serge y Pierre Milza. 1996. *Histoire du XXe siècle. 1900-1945, la fin du "monde européen"*, tomo 1. París: Hatier.
- Bled, Jean-Paul. 2014. *L'agonie d'une monarchie. Autriche-Hongrie, 1914-1920*. París: Tallandier.
- Goya, Michel. 2014. *L'invention de la guerre moderne. Du pantalon rouge au char d'assaut 1871-1918*. París: Tallandier.
- Greenhalgh, Elizabeth. 2013. *Foch, chef de guerre*. París: Tallandier/Ministerio de Defensa (DMPA).
- Hobsbawm, Eric John. 1994. *L'âge des extrêmes. Le court vingtième siècle 1914-1991*. Bruselas: Éditions Complexe.
- Keegan, John. 2005. *La Première Guerre mondiale*. París: Perrin.
- Laparra, Jean-Claude. 2006. *La machine à vaincre: de l'espoir à la désillusion. Histoire de l'armée allemande 1914-1918*. Quercy: Éditions 14-18.
- Mazower, Mark. 2005. *Le continent des ténèbres. Une histoire de l'Europe au XXe siècle*. Bruselas: Éditions Complexe.
- Miquel, Pierre. 1983. *La Grande Guerre*. París: Fayard.
- Morrow, John H. 2004. *The Great War. An Imperial*

History. Nueva York: Routledge.
- Nobécourt, René Gustave. 1968. *L'année du 11 novembre (1918)*. París: Robert Laffont.
- Prior, Robin y Trevor. 2000. *La Première Guerre mondiale*. París: Autrement.
- Rogan, Eugène. 2015. *The Fall of the Ottomans. The Great War in the Middle East 1914-1920*. Londres: Allen Lane.
- Schnetzler, Bernard. 2006. *Les erreurs stratégiques pendant la Première Guerre mondiale*. París: Economica.
- Stevenson, David. 2005. *1914-1918, The History of the First World War*. Londres: Penguin Books.
- Stevenson, David. 2012. *With Our Backs to the Wall. Victory and Defeat in 1918*. Londres: Penguin Books.
- Thompson, Mark. 2010. *The White War. Life and Death on the Italian Front. 1915-1919*. Nueva York: Basic Books.
- Winter, Jay, dir. 2013. *La Première Guerre mondiale: Combats*, tomo 1. París: Fayard.
- Winter, Jay, dir. 2014. *La Première Guerre mondiale: États*, tomo 2. París: Fayard.
- Zabecki, David T. "Operational Art and the German 1918 Offensives". En *Cranfield University*. Consultado el 2 de octubre de 2015. https://dspace.lib.cranfield.ac.uk/handle/1826/3897

FUENTE ICONOGRÁFICA

- Fotografía tomada justo después de la firma del armisticio, delante del vagón de Ferdinand Foch. La imagen reproducida está libre de derechos.

¡APRENDER NUNCA ANTES FUE TAN RÁPIDO!

www.en50minutos.es

www.en50Minutos.es

ISBN ebook: 9782806278555

ISBN papel: 9782806281593

Depósito legal: D/2016/12603/215

Libro realizado por Primento, *el socio digital de los editores*